Mein KITA-MAL- und BASTELBLOCK

Texte von Hanna Sörensen
Mit Bildern von Uli Velte

Male die wilden Tiere an und schneide sie aus. Knicke sie
an den Kanten um und stelle sie auf. Nun kannst du losspielen!

Male den Baum an. Welche Jahreszeit ist es? Sommer oder Herbst? Im Sommer sind die Blätter grün. Im Herbst färben sich die Blätter der Laubbäume gelb, rot, braun oder orange.

Die Kinder der Igelgruppe machen einen Ausflug!
Was denkst du: Wohin gehen sie wohl?

Was zaubert Conni gerade?
Male dazu, was dir einfällt.

Brumm, brumm!
Kannst du die Straßen auf
Jakobs Verkehrsteppich
einzeichnen?

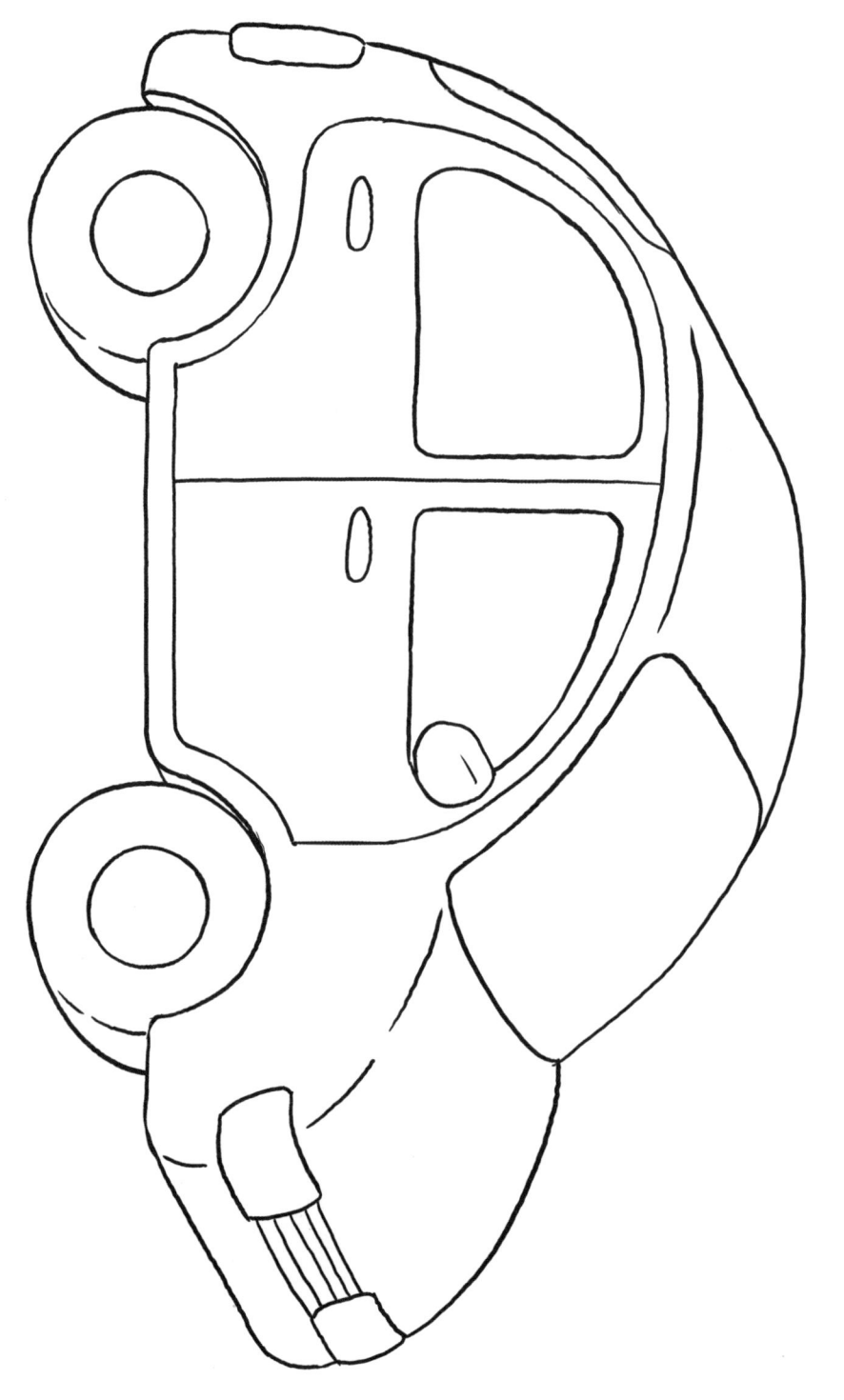

Male die Maske an und schneide sie aus.
Bohre vorsichtig zwei Löcher in die Markierungen.
Befestige ein Band, zum Beispiel Wäschegummi, an den beiden
Löchern. Nun kannst du die Maske aufsetzen.

Wie kommen Conni und Son
zur Wippe?

Male die Fingerpuppen an und schneide sie aus. Klebe sie an den markierten Rändern zusammen. Nun kannst du einen Finger durch den Schlitz unten schieben und losspielen.

Male die Karte an und schneide sie aus. Nun kannst du eine
Nachricht draufmalen. Vielleicht kannst du auch schon deinen
Namen schreiben? Wer bekommt deine Post?

ANNA

SIMON

JULIA

JOLANDA

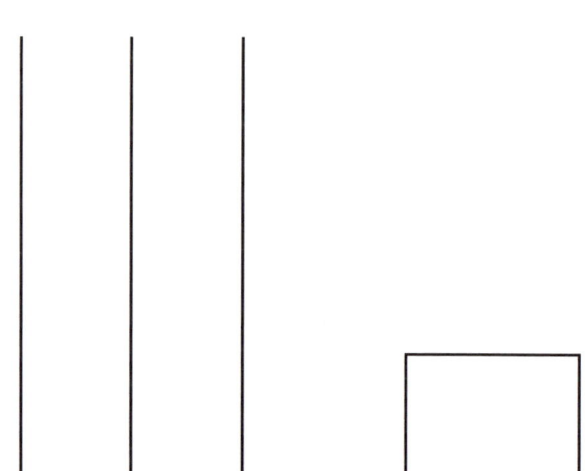

Male das Puzzle an und schneide es aus.
Kannst du es wieder zusammenlegen?

Ein Bilderrahmen für dein Kunstwerk! Male den Rahmen an und schneide ihn aus. Welches Bild kommt hinein?

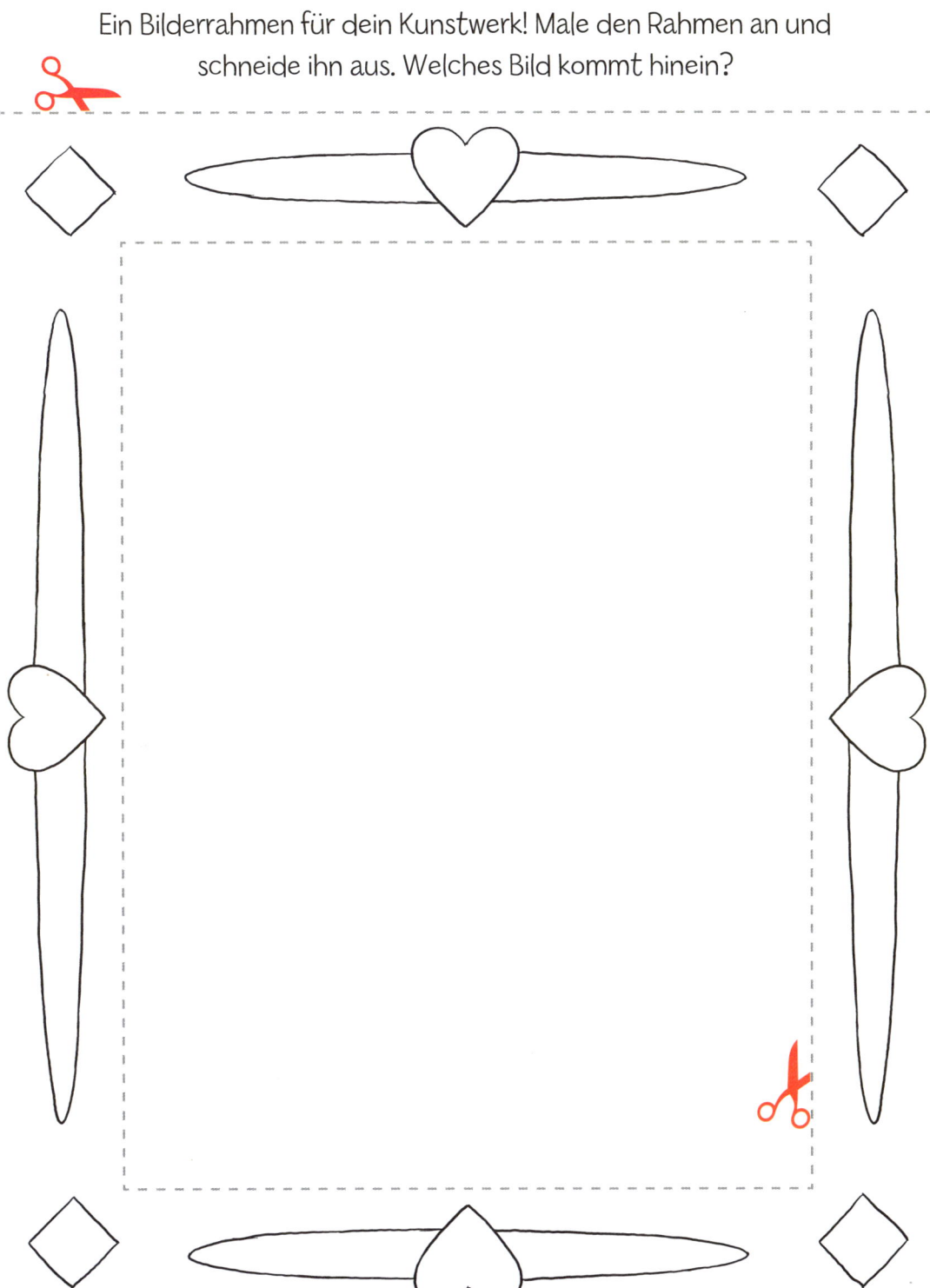

Blubb, blubb! Schneide lauter einzelne Fischschuppen aus und
klebe sie auf den Fisch. Verwende dafür Glitzerpapier,
alte Zeitschriften, Goldfolie, Zeitungspapier, Pappe, Filz- oder
Stoffreste. Was fällt dir noch ein?

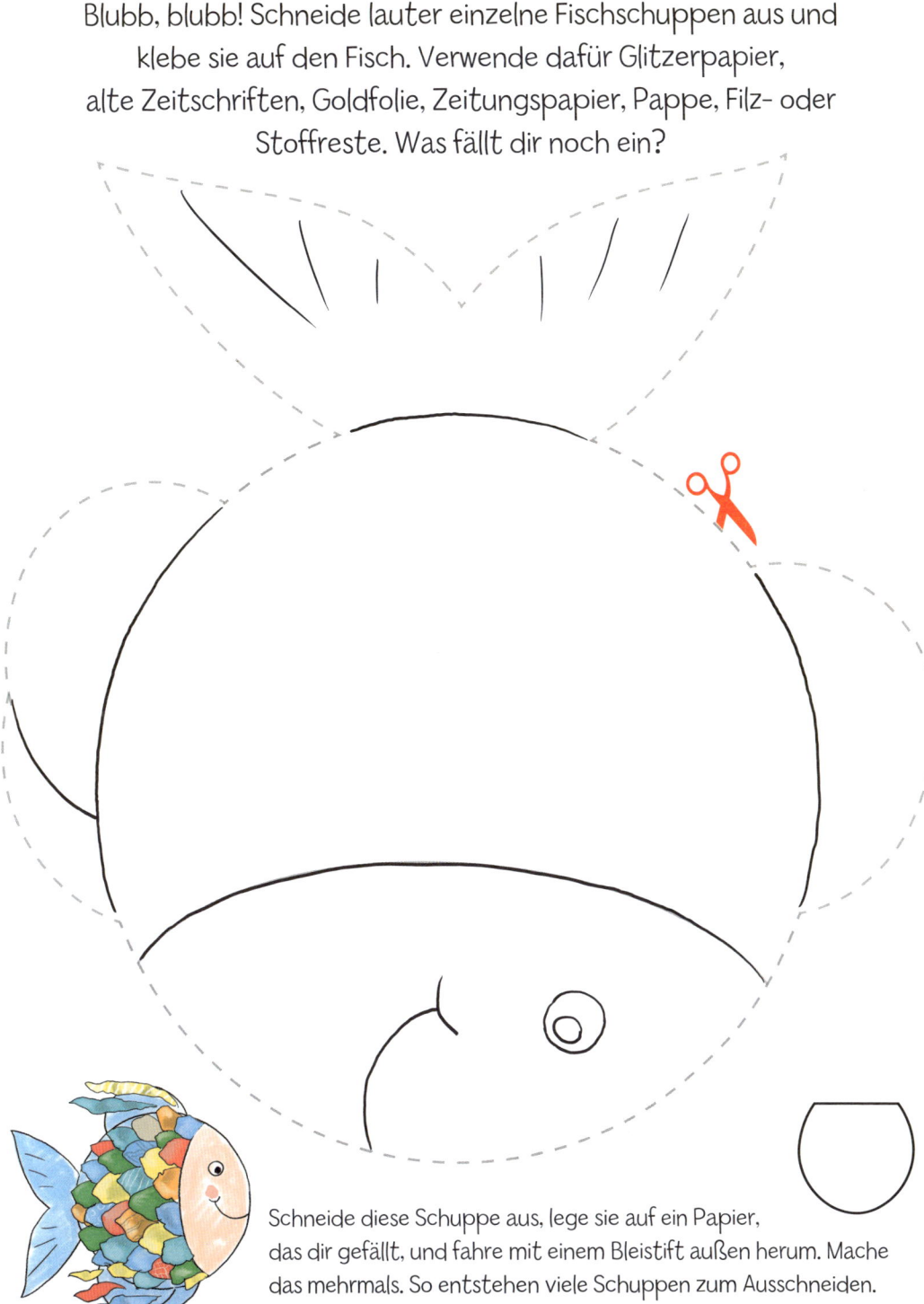

Schneide diese Schuppe aus, lege sie auf ein Papier,
das dir gefällt, und fahre mit einem Bleistift außen herum. Mache
das mehrmals. So entstehen viele Schuppen zum Ausschneiden.

Male die Wimpel an und schneide sie aus.
Falte sie jeweils an der Knickkante und lege
sie gleichmäßig auf eine Schnur.
Die Bilder zeigen nach außen.
Klebe die Dreiecke zu Wimpeln zusammen.

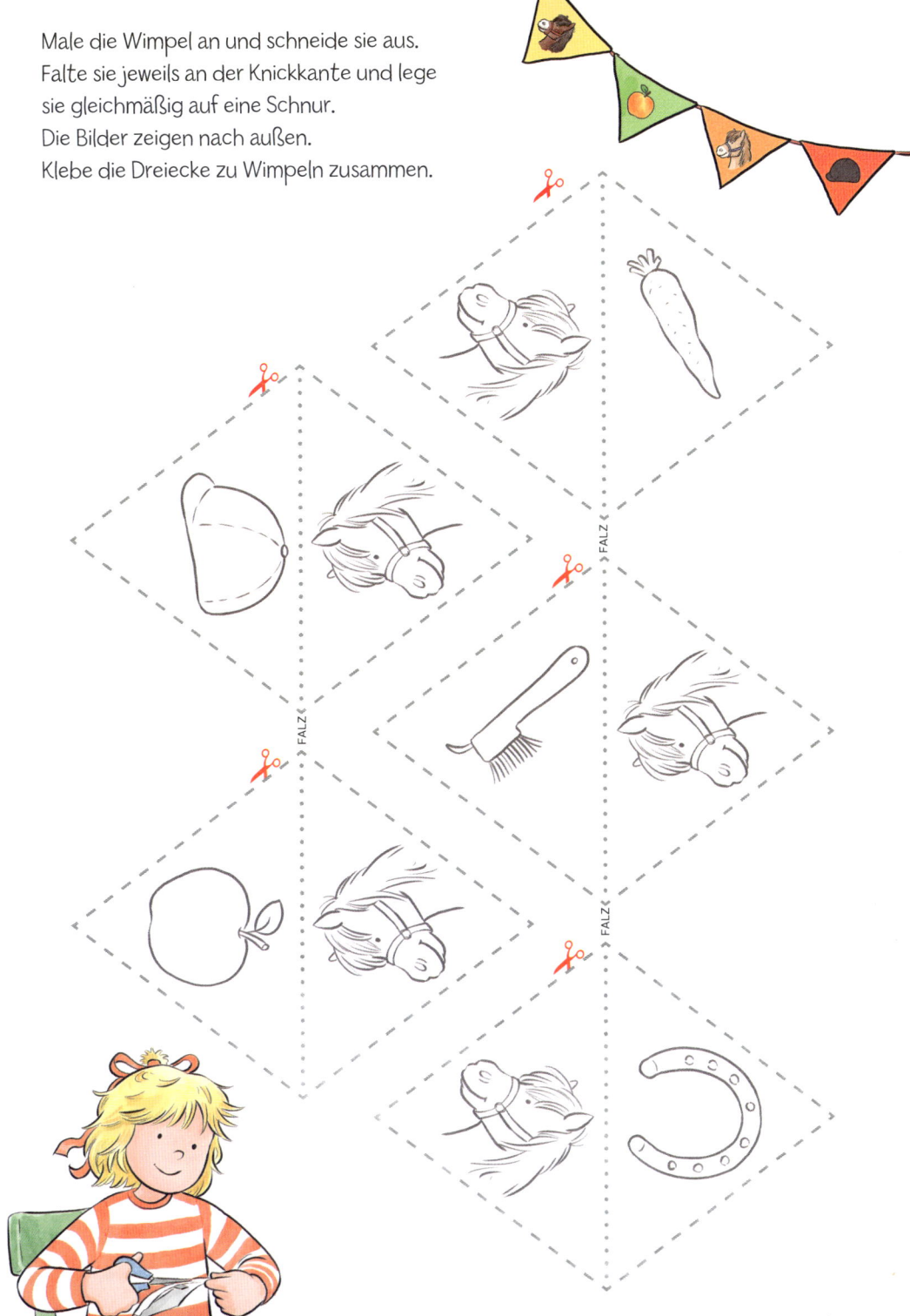

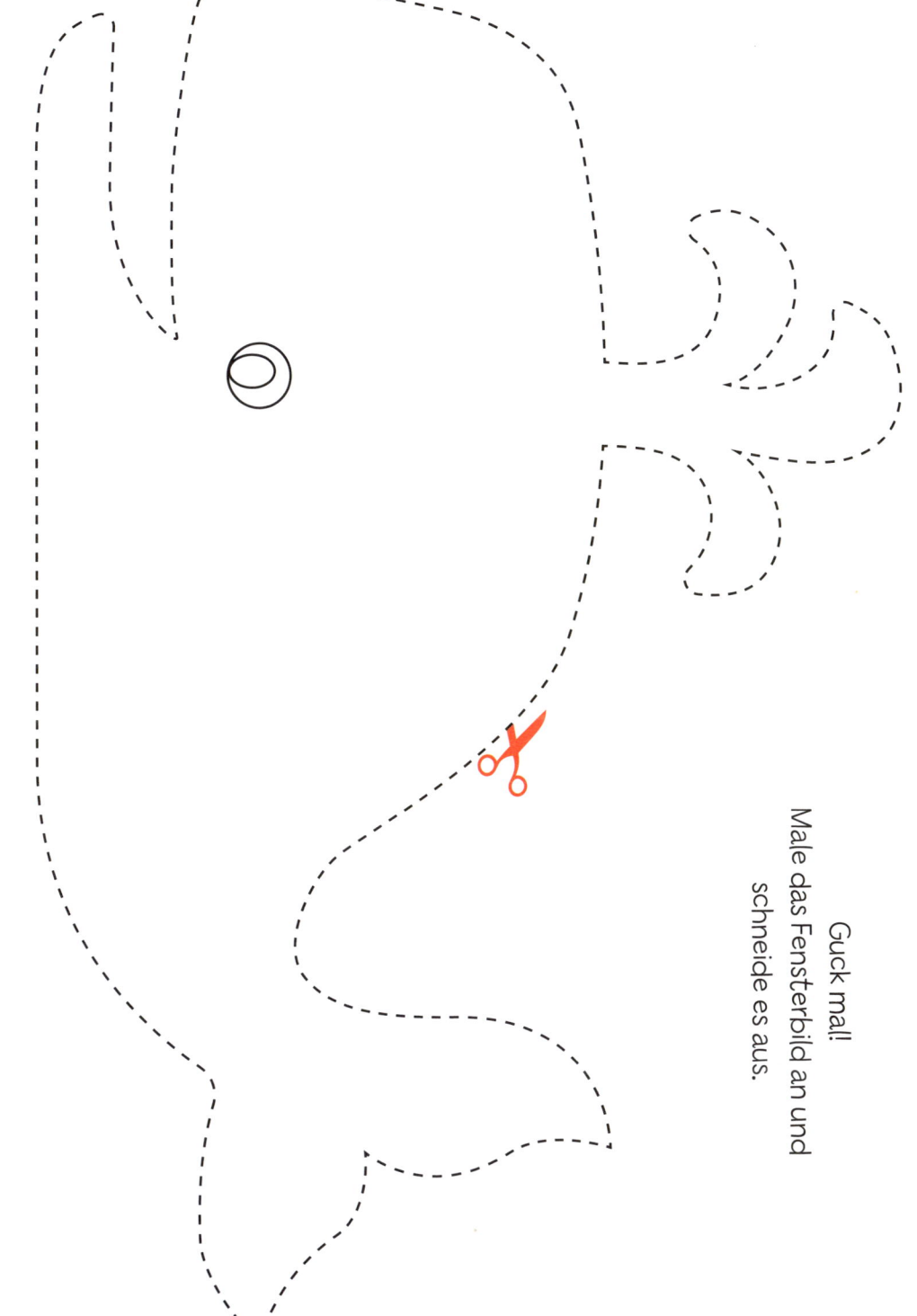

Guck mal!
Male das Fensterbild an und
schneide es aus.

Oh, ein Regenbogen! Schneide aus bunten Papierresten die Streifen für den Regenbogen und klebe sie an die Sonne.

Hier wohnt:

Conni bastelt eine tolle Löwen-Maske. Machst du mit?

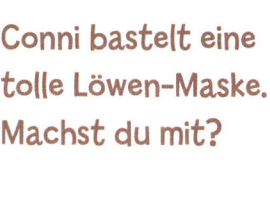

Du brauchst:
- gelben Tonkarton
- Schere
- braune Wolle
- Locher
- Gummiband

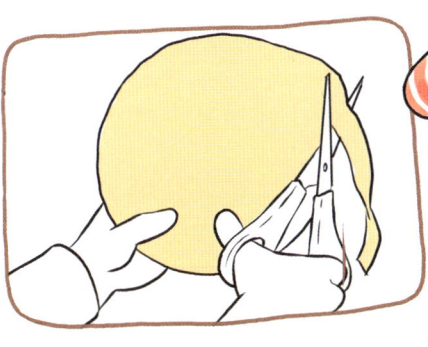

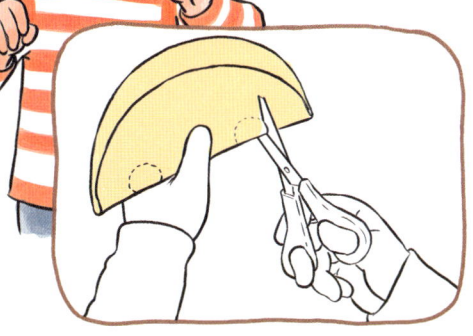

1. Schneide einen Kreis aus gelbem Tonpapier aus. Er sollte etwa so groß wie dein Gesicht sein.

2. Schneide Öffnungen für Nase, Augen und Mund in den Kreis.

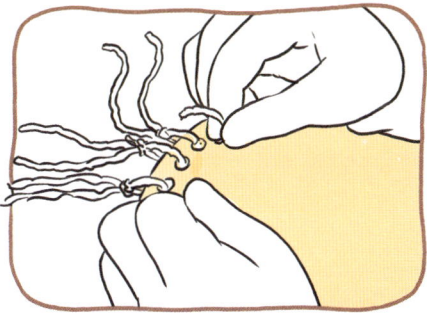

3. Loche den oberen Rand mehrmals. Knote dort dicke braune Wollfäden als Löwenmähne fest.

4. Stanze rechts und links jeweils ein Loch in die Löwenmaske. Knote ein Gummiband daran fest.

Welche Tiermasken gefallen dir noch? Eine Waschbär-Maske? Oder eine grüne Krokodil-Maske? Aus rosa Tonpapier kannst du eine tolle Schweinchen-Maske basteln.

Sssssst! Male die Schlange an und schneide sie aus.
Wenn du sie an einem Bindfaden aufhängst, schwebt sie im Kinderzimmer.

Toller Dino! Male die Körperteile des Dinosauriers an und schneide sie aus. Schneide an den Linien ein und stecke den Dinosaurier zusammen.

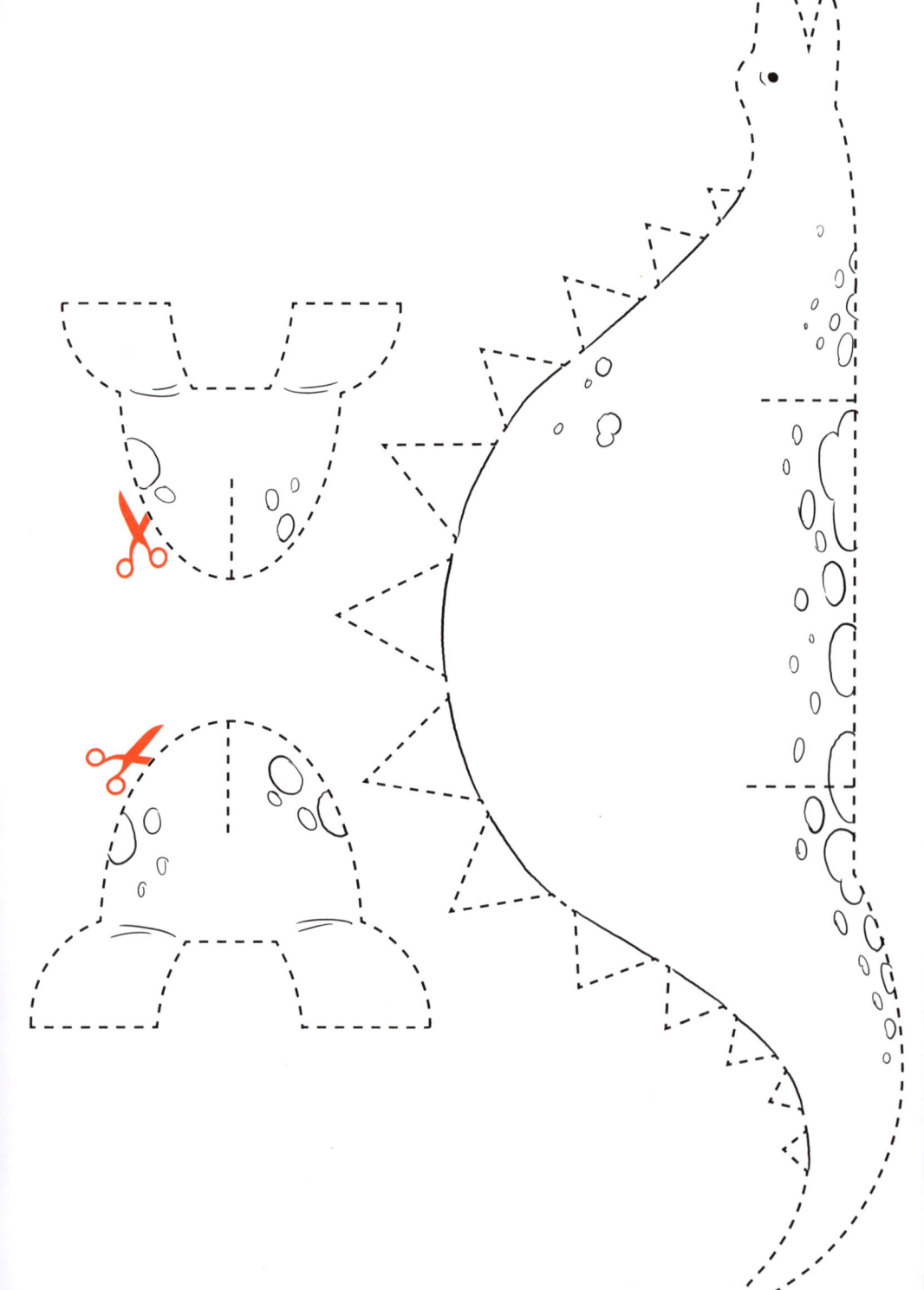

Spitz die Ohren!

Afrikanische Elefanten haben Riesenohren, Hasen besonders lange und die von Mäusen sind rund geformt.

Du brauchst:
- farbiges Tonpapier
- Schere
- Haarreif
- Klebstoff
- Filzstücke, Federn, Wollreste u. ä.

So bastelst du dir deine Lieblingsohren:

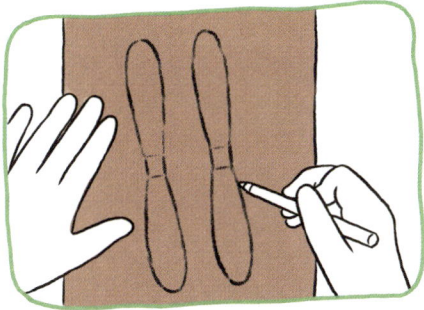

1. Zeichne auf dünnes, farbiges Tonpapier zwei Ohren auf, die durch einen schmalen Papierstreifen miteinander verbunden sind.

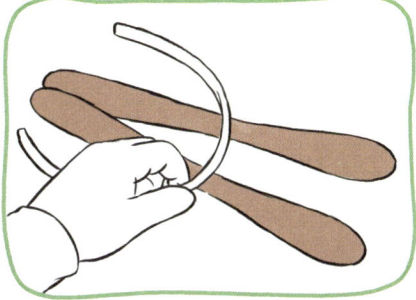

2. Lege in die Mitte des Streifens einen einfachen Haarreif.

3. Klebe die beiden inneren Seiten der Ohren zusammen.

4. Du kannst die Ohren mit Filzstücken, Federn oder Wollfäden bekleben, je nachdem, zu was für einem Tier sie gehören sollen.

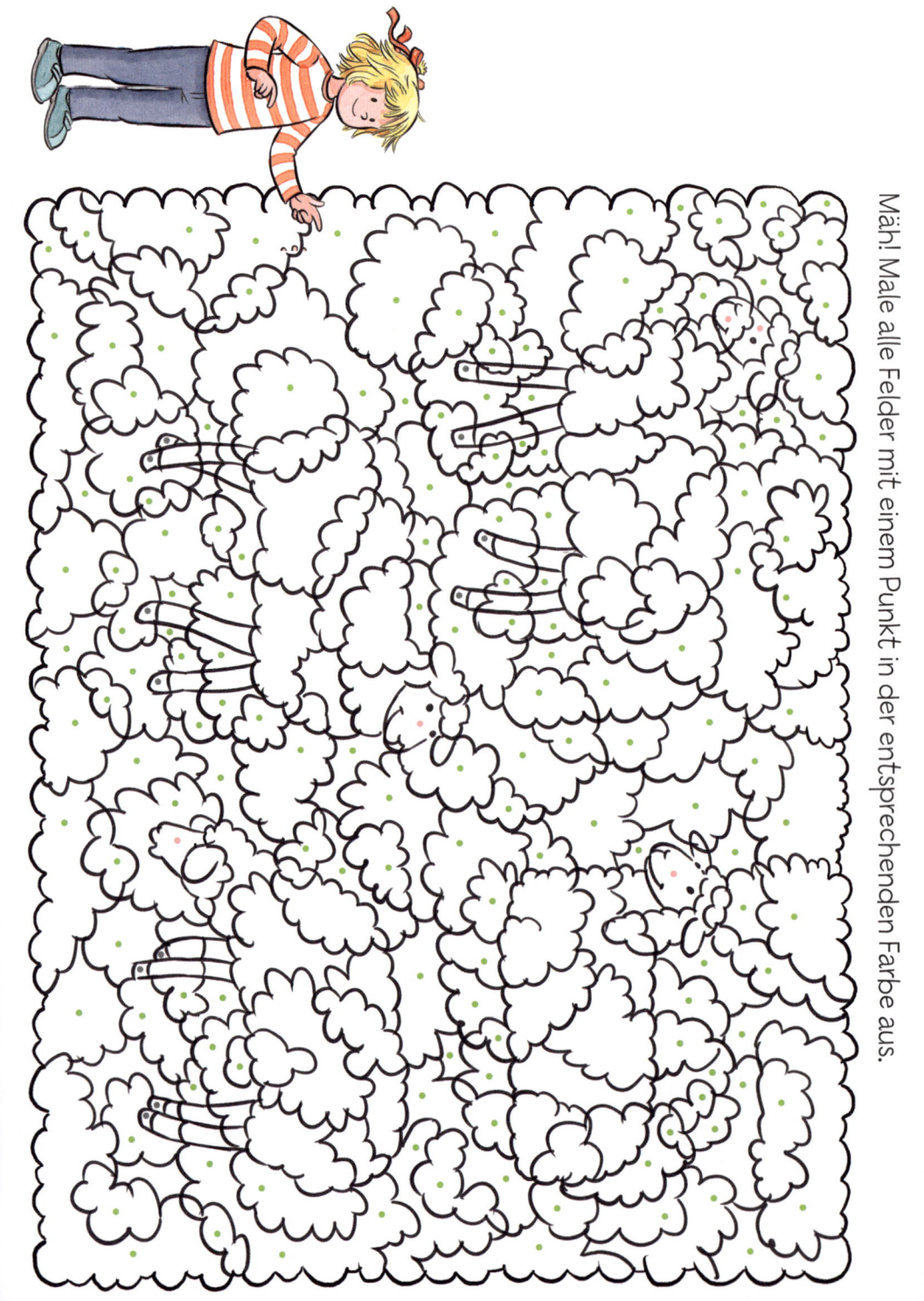

Mäh! Male alle Felder mit einem Punkt in der entsprechenden Farbe aus.

Was entdecken Conni und Son da am Himmel?
Verbinde die Punkte von 1 bis 20.

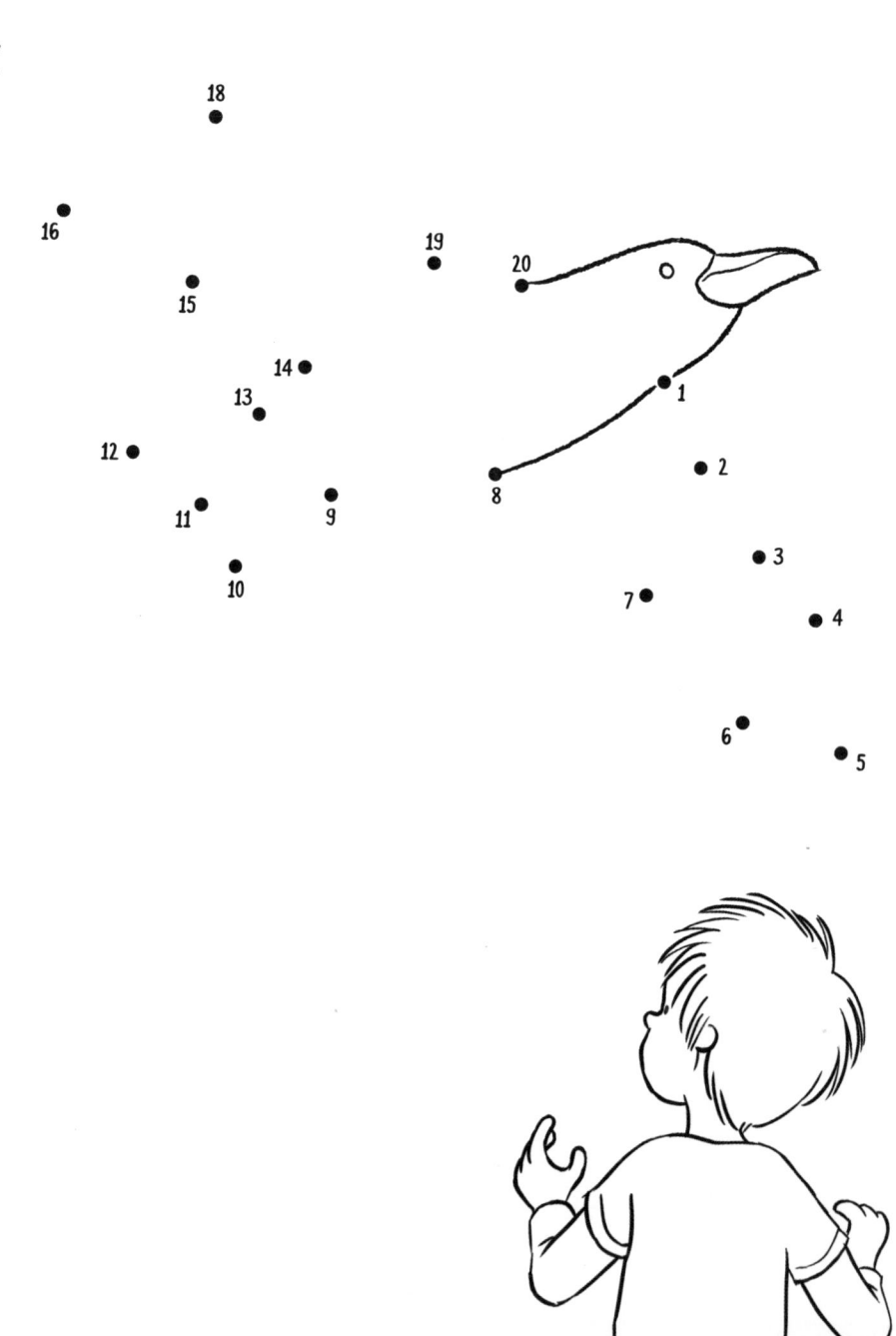

Igel-Alarm! Schneide die Stacheln und den Umriss des Igels aus und male ihn an. Klebe die Körperteile dann an eine leere Toilettenpapierrolle.

Male die Strohhalm-Köpfe an und schneide sie aus.
Ritze vorsichtig mit einer Schere die Laschen ein und
stecke die Köpfe jeweils auf einen Strohhalm.

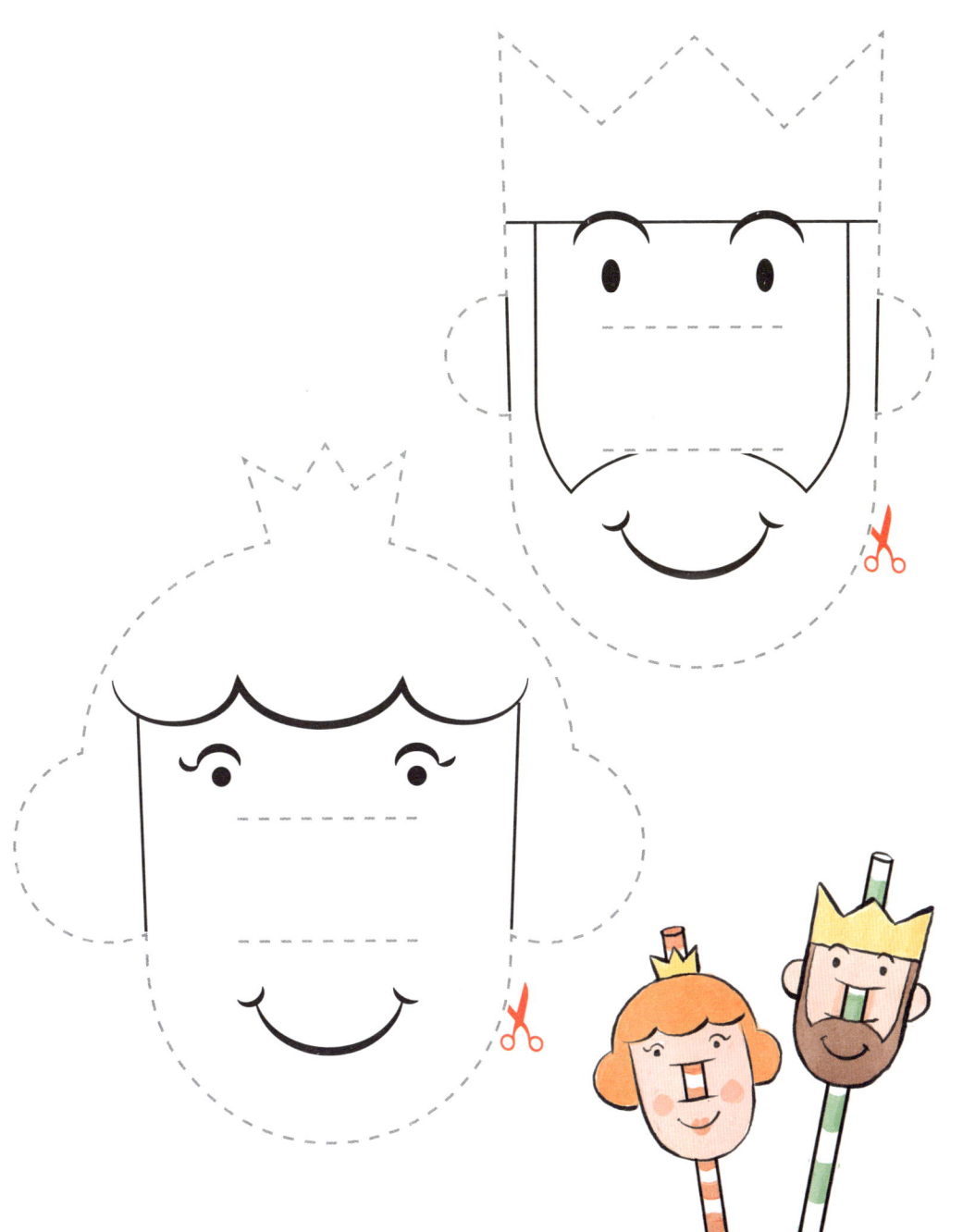

Auf zu den Sternen!
Male die Sterne an, schneide
sie aus und klebe sie auf einen
festeren Karton. Schneide
sie noch einmal aus und
umwickle sie dann mit
Wolle. Das kleine
Bild zeigt dir,
wie es geht.

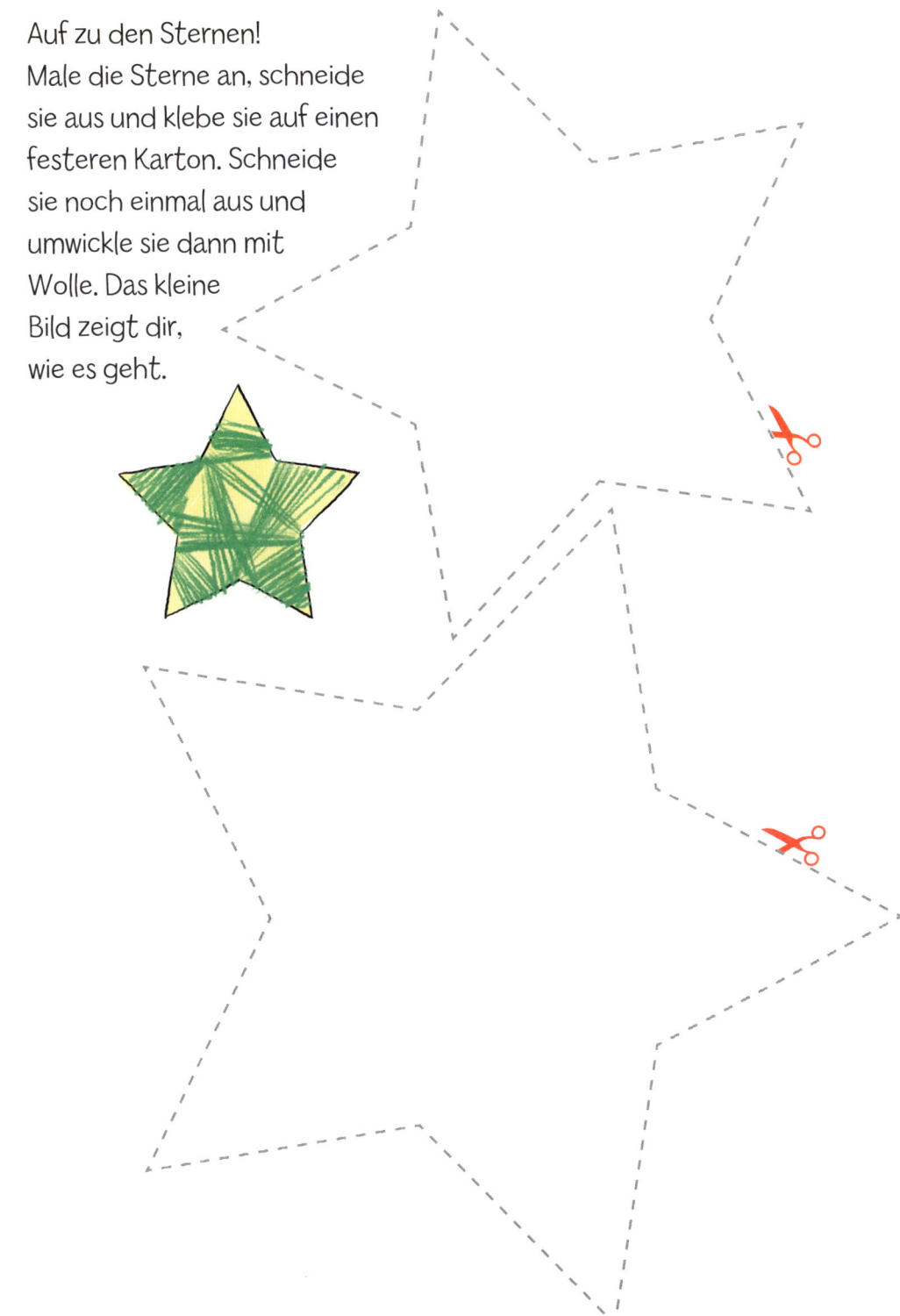

Male die Tiere an und schneide sie aus. Knicke sie an den Kanten
um und stelle sie auf. Nun kannst du losspielen!

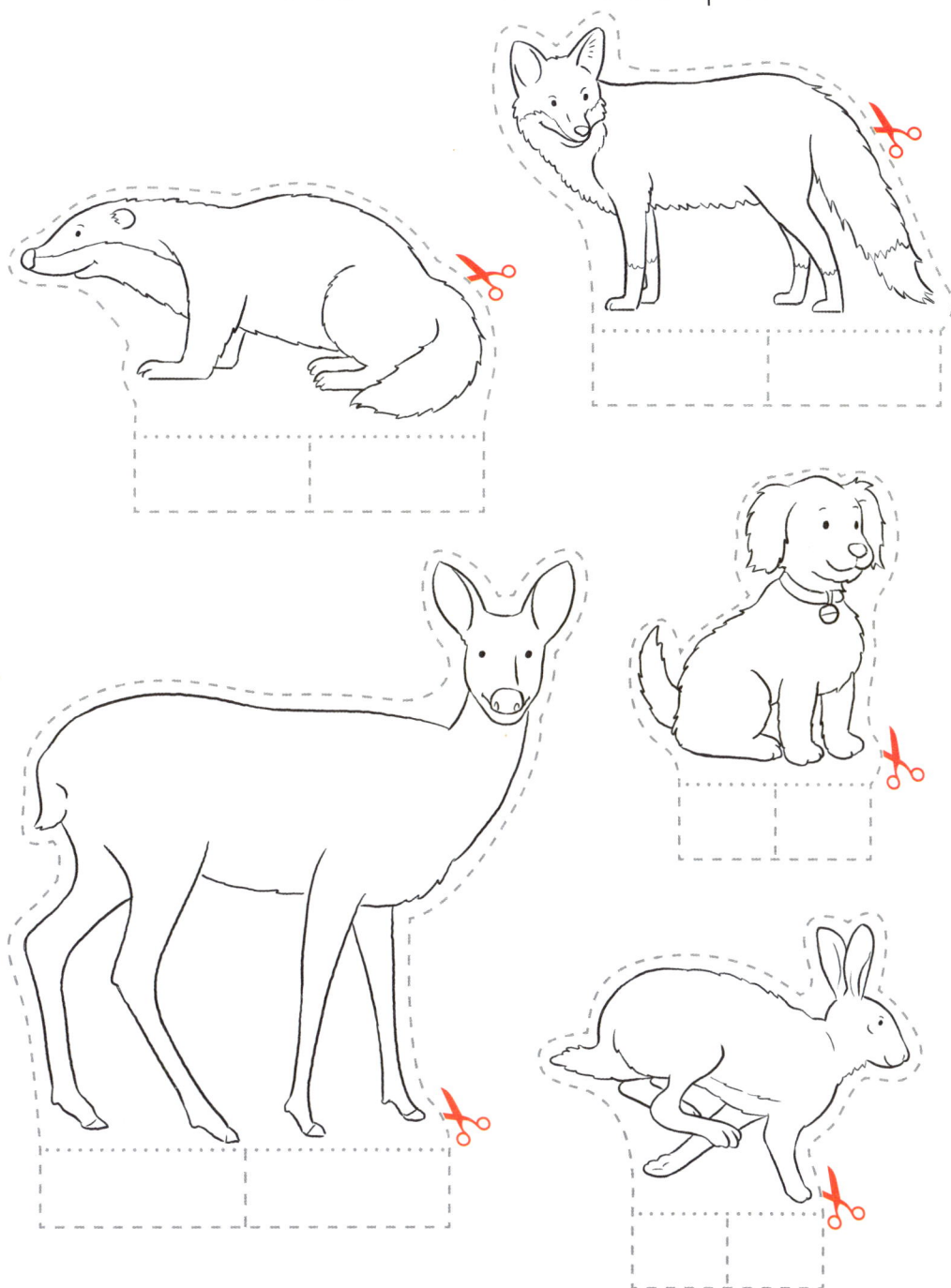

Schneide die Schneeflocken aus und falte sie mehrmals in der Mitte.
Nun schneidest du mit einer kleinen Schere Muster hinein.
Das kleine Bild zeigt dir, wie es geht. Falte die Schneeflocken wieder auf.
Wie sehen sie aus?

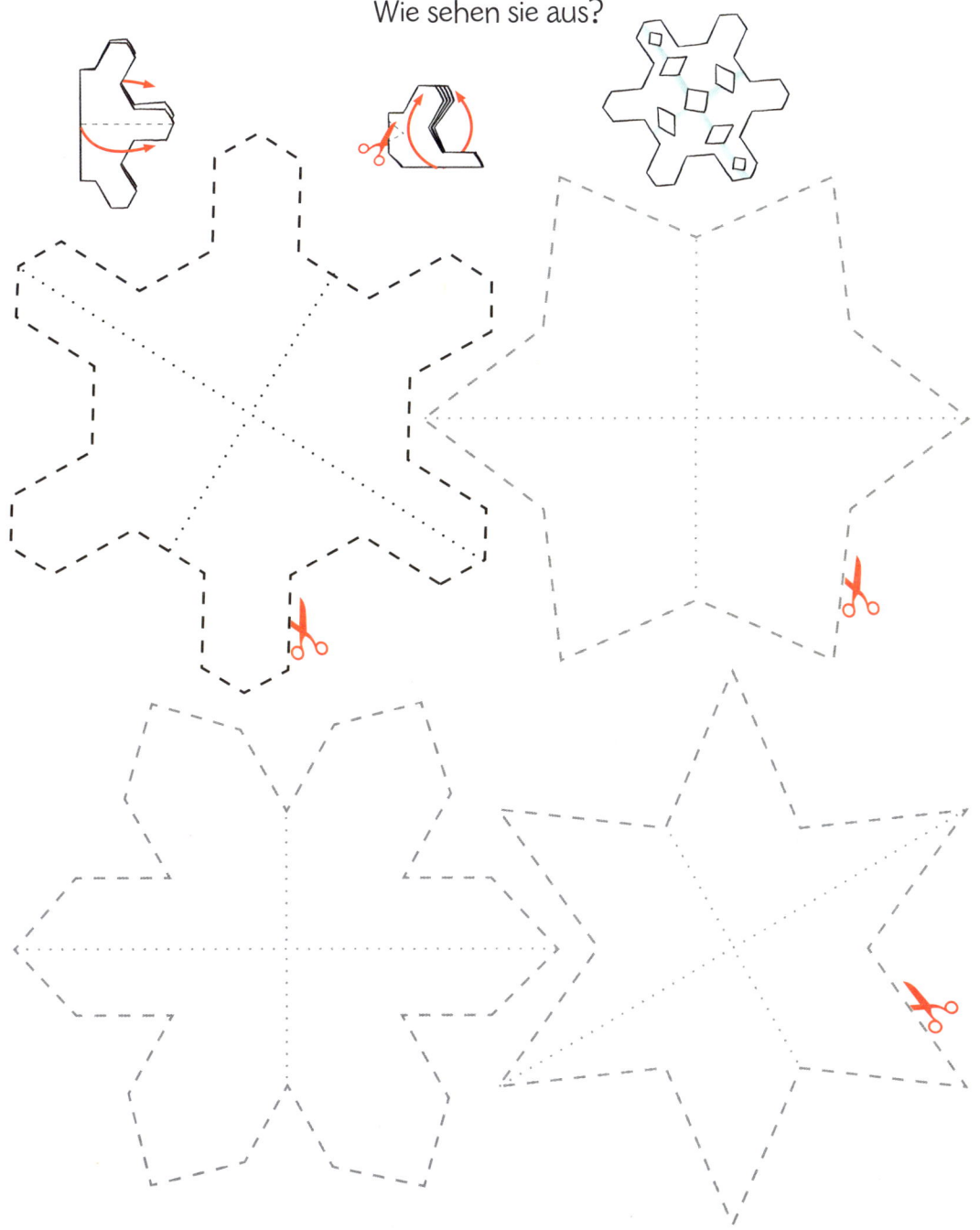

Bärenspaß! Male den Bären an und schneide ihn aus. Schneide die vorgegebenen Linien ein und stecke den Bären zusammen.

Schöner Schmetterling! Male die Flügel und Fühler des Schmetterlings an und schneide sie aus. Bemale eine leere Rolle von Klopapier und klebe die Flügel und die Fühler daran. Nun kann dein Schmetterling losfliegen!

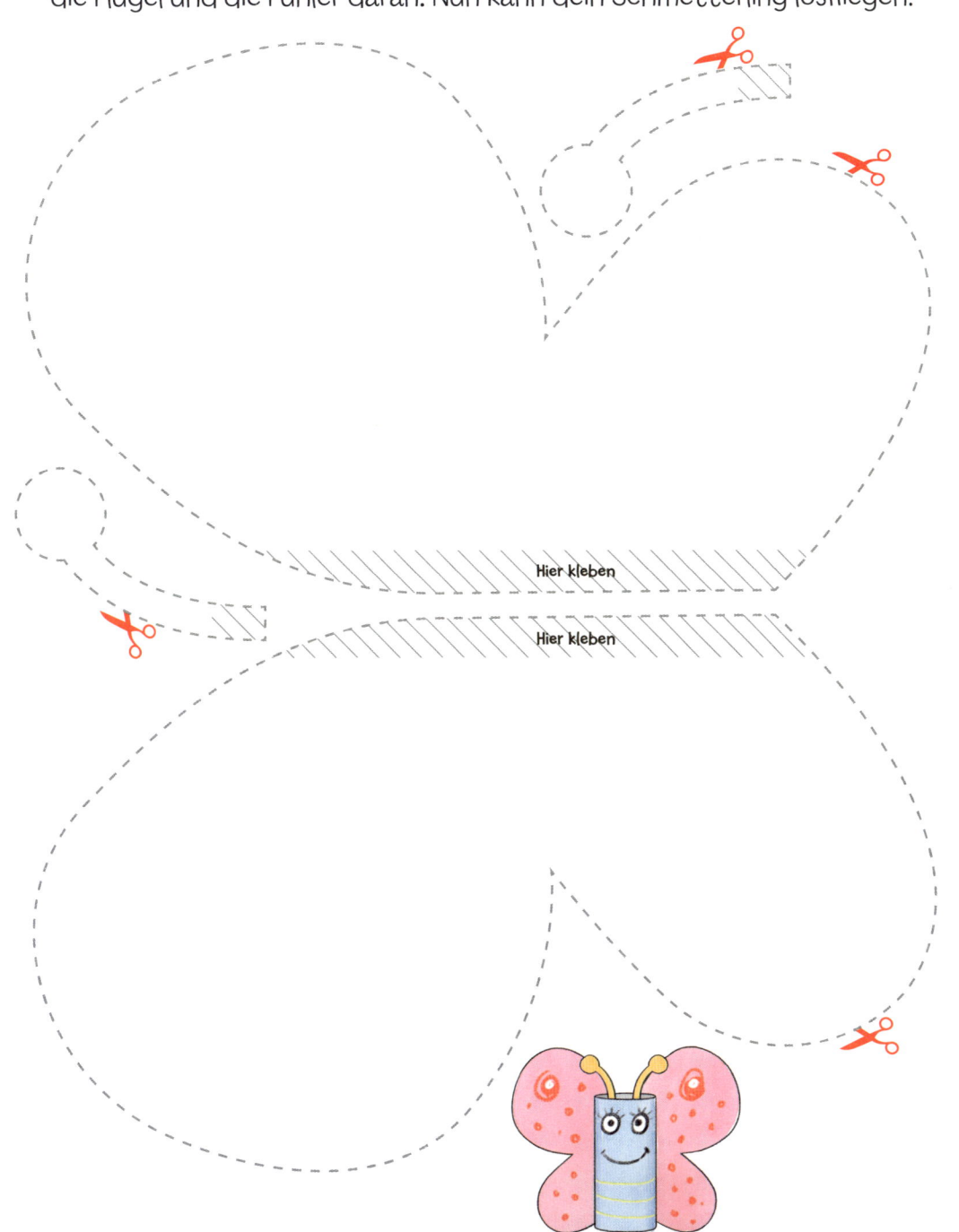

Male die Blüten unten an, schneide sie aus und klebe sie
an den richtigen Stellen auf.

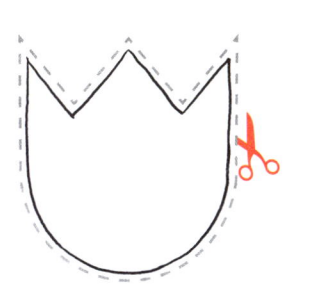

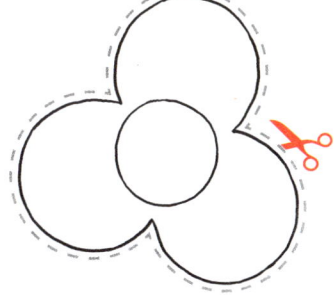

Male den Körper und den Schweif des Ponys an und schneide sie aus.
Ritze zwei leere Toilettenpapierrollen ein. Male die Rollen an.
Nun steckst du den Körper auf die Papprollen und klebst
den Schweif an. Fertig ist das Pony!

Male den Fächer an und schneide ihn aus. Falte ihn wie eine
Ziehharmonika zusammen und vorsichtig wieder auseinander.

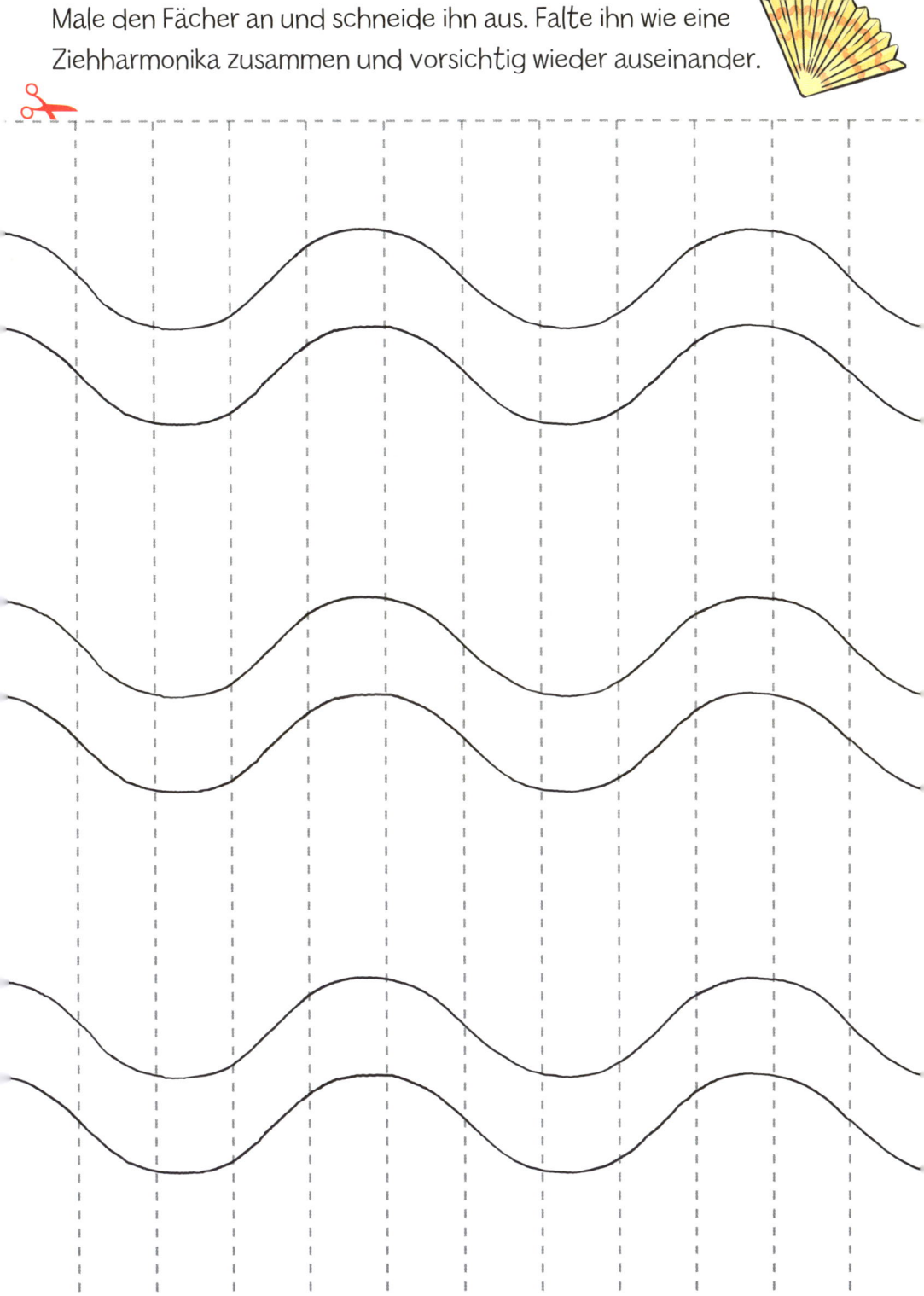

Male das Spielfeld an und schneide die beiden Spielfiguren aus.
Nun wird abwechselnd gewürfelt. Wer als Erstes das Eis
erreicht, gewinnt das Spiel.

= 1 x aussetzen

= 5 Felder zurück

Male die Blüten an und schneide sie aus. Klebe sie jeweils an einen Holzspieß und stecke sie in einen Blumentopf.

Male die Bauernhoftiere an und schneide sie aus. Knicke sie an den
Kanten um und stelle sie auf. Nun kannst du losspielen!

Male das Bild aus und schneide es vorsichtig entlang der Linie ein.
Nun bastelst du die Meerjungfrau und die Möwe wie auf dem nächsten Blatt
beschrieben. Stecke die Meerjungfrau in den Papierschlitz und lass
sie in den Wellen baden. Die Möwe kann über dem Wasser fliegen.

Male die Meerjungfrau und die Möwe an und schneide sie aus.
Befestige einen Holzspieß auf den Rückseiten der Figuren und lass sie
in den Wellen baden, die auf dem vorherigen Blatt abgedruckt sind.

Male die Geschenkanhänger an und schneide sie aus.

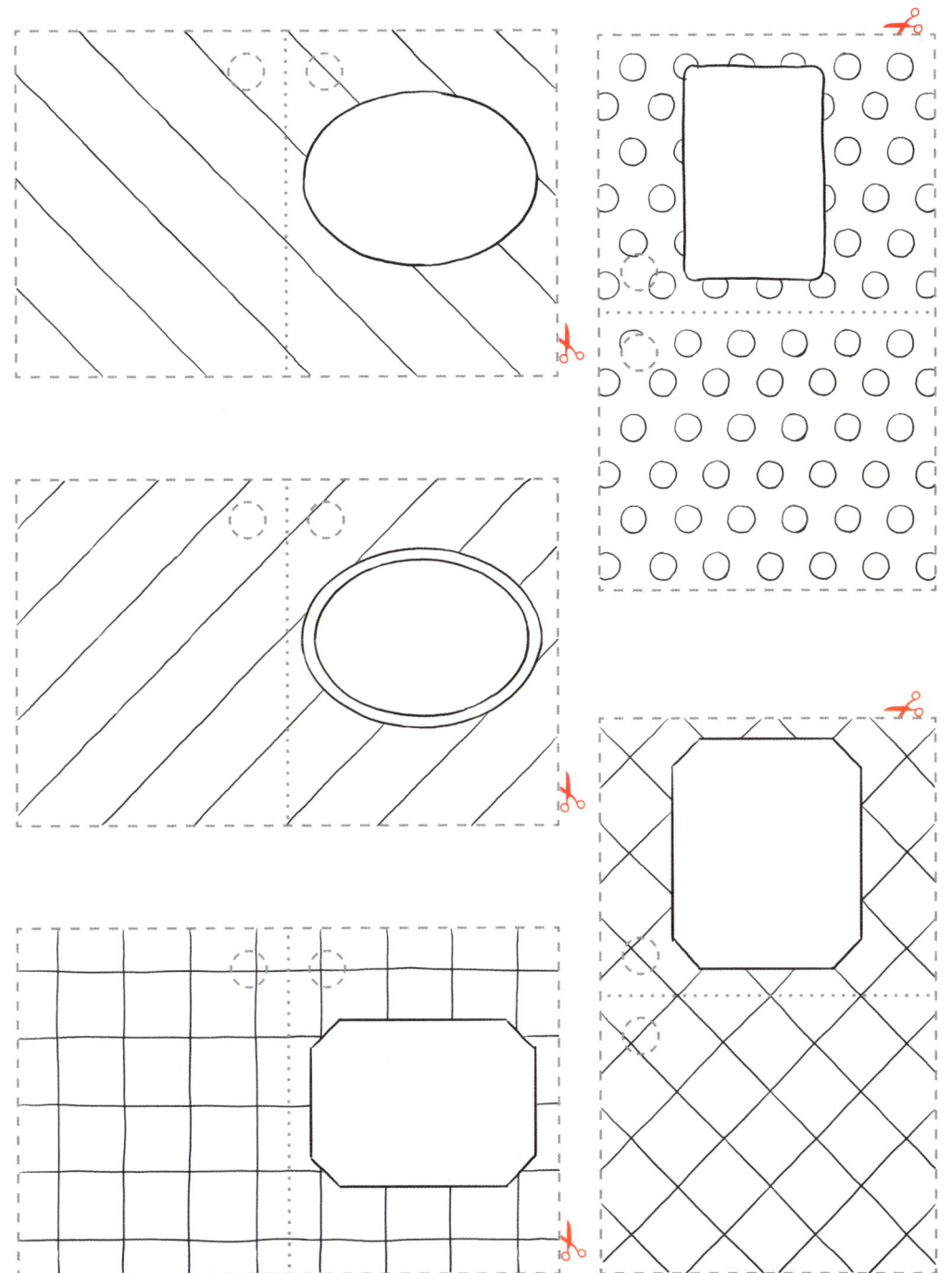

Male die Landschaft an und schneide sie aus. Falte die Bühne an den Knickkanten nach innen um und stelle sie auf. Nun kannst du mit kleinen Figuren oder mit den Knick-Tieren aus diesem Block ein Theaterstück aufführen.

Schiff ahoi! Male die Segel an und schneide sie aus.
Klebe jedes Segel an einen Zahnstocher. Binde jeweils drei Korken
mit einem Gummiband zusammen und stecke die Segel hinein.
Fährt dein Schiff bei euch im Waschbecken?

Male den Rahmen des Drachens an und schneide ihn aus. Klebe grünes, gelbes oder rotes Transparentpapier dahinter. Befestige dein Fensterbild mit Klebestreifen an einer Scheibe.

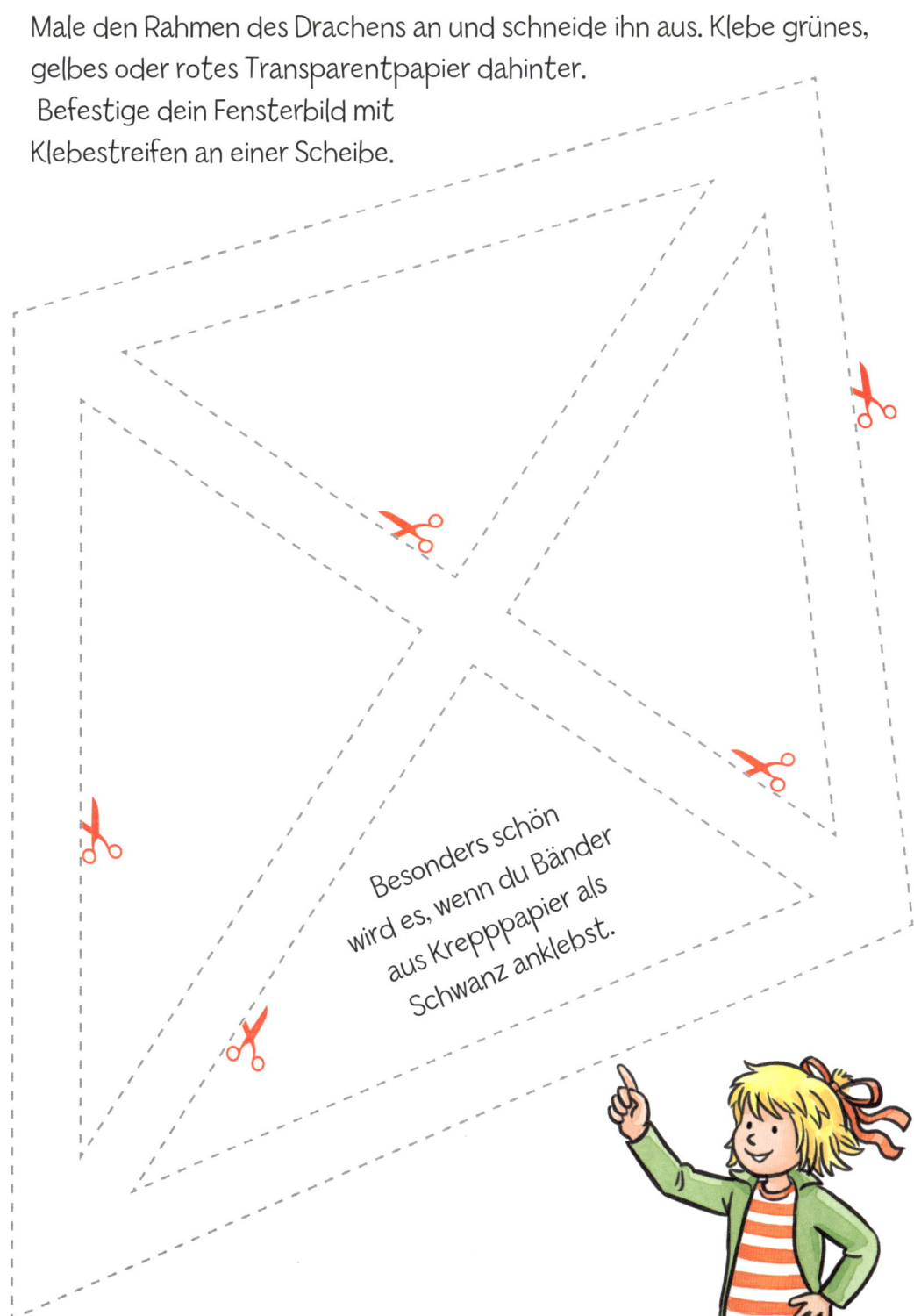

Besonders schön wird es, wenn du Bänder aus Krepppapier als Schwanz anklebst.

So bastelst du ganz leicht einen Biber.

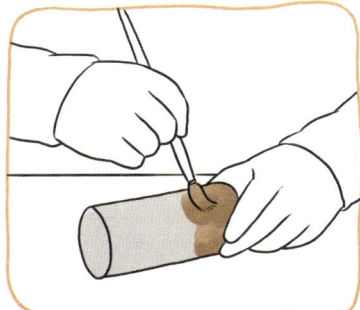

Du brauchst:
- eine leere Rolle Toilettenpapier
- braune Farbe
- Pinsel
- Schere
- Stifte

1. Male eine leere Toiletten-papier-Rolle braun an und lass die Farbe trocknen.

2. Male den Kopf, den Biber-schwanz, die Füße und die Pfoten an. Schneide sie aus und klebe sie an die Rolle.

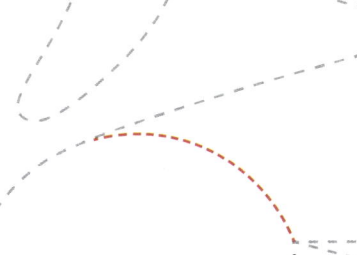

Bastle dir ein Mini-Steckenpferd! Male den Pferdekopf an und schneide ihn aus. Klebe eine Mähne aus Wollfäden an und befestige hinten einen Eisstiel am Pferd. YEEEHAAA!

Tolle Idee
für den Pferde-
Geburtstag!

Male noch ganz viele Seifenblasen dazu!